DESCRIPTION

DE LA

BATAILLE GLORIEUSE

DE

WATERLOO,

EXPOSÉE AU

PANORAMA,

PLACE ST. MICHEL A BRUXELLES.

Cette description contient une explication distincte du Terrein, de la situation des Armées, de l'opération et des actions des troupes différentes, ainsi qu'une indication des principales personnes, qui, en ce jour glorieux, ont rendu leurs noms immortels ; toutes les autres particularités étant exposées exactement dans le plan qui accompagne la présente.

PAR

E. MAASKAMP,

1818.

DESCRIPTION

DE LA

BATAILLE

DU 18e JUIN 1815.

Après la résistance héroïque et invaluable du 16e Juin 1815 à l'ennemi, au carrefour de *Quatre Bras* par S. A. R. *le Prince d'Orange*, l'armée *Anglo - Belgique* gardait le champ de-bataille; mais on apprît néanmoins la rétraite de l'armée *Prussienne*. L'armée *Anglo-Belgique* se retira le 17e sur *Genappe*, pendant qu'elle fit quelques escarmouches sanglantes, et elle revint vers les cinq heures après-midi, à l'élévation de *St. Jean*, à une lieue de *Waterloo*. Elle y passa la nuit en bivouaquant, étant tout à fait fatiguée, mouillée de la pluie et presqu'enroidi de froid, se tenant sur la terre humide dans les bleds ecrasés, pendant qu'il fit une rude tempête et un orage furieux: — pourtant une telle nuit fut si peu décourageante pour ces héros, qu'ils en profitèrent pour se préparer au combât contre un ennemi furieux.

Waterloo, l'endroit duquel cette fameuse bataille dérive son nom, est un petit et beau village, qui se voit au nord du Panorama. Il est situé à trois lieues de *Bruxelles*, d'où l'on y vient par la forêt *de Soignies*. En sortant du village, on trouve encore une petite forêt; ensuite on vient au hameau *Mont St. Jean* et à une ferme du même nom, le chemin de *Genappe* descend de cette élévation, s'élevant à côté de l'arbre de WELLINGTON, par derrière *la Haye Sainte* et de là par un chemin creux à *Belle Alliance*, d'où il s'étend vers le sud à *Charlervy*. Il y a encore un chemin *de Mont St. Jean*, en tournant à la droite par *Nivelles* à *Mons* en *Hainaut*.

Le vrai point de vue du Panorama est de l'élévation du *Mont St. Jean* entre ces deux grandes chaussées, ayant *Braine la Leud* à l'ouest, *Waterloo* au nord, *Frichemont* à l'est, et la *Belle Alliance* au sud.

Le front de l'armée-*Anglo-Belgique* était à un petit chemin de campagne, conduisant au travers de la chaussée de *Genappe* à celle de *Nivelles*, et ensuite aux deux côtés des deux grandes chaussées. Le champ de bataille, ou l'étendue de toute l'action, eut trois quart d'heure de l'extrêmité de l'aile droite à celle de l'aile gauche. Les deux ordres de bataille furent opposées l'une à l'autre sur l'élévation et au penchant de deux collines, à la distance d'un grand quart d'heure ou 200 toises de Rhinlande, regardant tous deux de leurs élévations, comme du penchant d'une redoute ; le terrein entre les deux ordres de bataille était rempli de petites collines, la plupart couvertes de bleds meurissans et de grains. L'ordre de bataille *Anglo-Belgique* était étendue de l'ouest à l'est, de *Braine la Leud* vers *Ter la Haïe;* ayant sur l'aile droite au devant du front le chateau de *Hougemont;* et à la gauche du centre, la ferme nommée *la Haïe Sainte* sur la chaussée de *Genappe.*

L'armée *Française* était postée sur le terrein élévé vis-à-vis la vallée. Son centre était près de la ferme *la Belle Alliance.* Il y avait à sa gauche *l'Observatoire,* où BUONAPARTE se trouvait au commencement de la journée, et d'où il avait donné ses ordres pour commencer l'action. Le comte LOBAU commanda son aile droite, JÉRÔME BUONAPARTE sa gauche, tandis que les corps du comte D'ER-LAU et de REILLE avec BUONAPARTE lui-même, avec la garde impériale, composèrent le centre.

C'était tel que fut l'état des deux armées, à dix heures et demi matin.

L'armée *Anglo - Belgique*, sous les ordres du Duc de WELLINGTON, était formée de deux corps, l'un commandé par le Prince D'ORANGE, l'autre par Mylord HILL. Le corps du Prince D'ORANGE consistait des 1re 3e et 5e divisions *Anglaises*, et de la 2e division *Belgique*: celui de Mylord HILL était composé des 2e, 4e et 6e divisions *Anglaises*, et des 1re et 3e divisions *Belgiques*. La première division *Belgique* avait pour chef le Prince FRÉDÉRIC des Pays - Bas. Elle fût tenue en reserve par Mylord HILL, avec quelques troupes *Anglaises* sous Mylord CHAR-LES COLVILL, aux environs de *Hàlle*, le long de la grande chaussée de *Bruxelles* par *Nivelles* à *Mons* en *Hainaut*, où les dites troupes étaient marchées *d'Enghien* le 17e Juin. La troisième division *Belgique* fût commandée par le Général CHASSÉ.

Mylord HILL commandait l'aile droite de l'ordre de bataille *Anglo - Belgique*, qui était composée de la 4me division *Anglaise* et de la 3me *Belgique*, ainsi que de la quatrième Brigade du Colonel MITCHELL. Le centre, qui se tenait entre les deux chaussées, était composé de la 1e division *Anglaise*, ou les gardes, commandée par le Général COOKE, et de la 3e, commandée par le Général ALTEN, étant dans la première, et de l'infanterie *Brunsvicienne*, ainsi que du contingent des troupes de *Nassau*, dans la seconde ligne. L'aile droite avait la 2me division *Belgique*, sous les ordres du Général PERPONCHER, dans la première ligne, et les 1e et 5e divisions *Anglaises* du Général PICTON dans la seconde. La Cavalerie, commandée par le Général UXBRIDGE, était plus en arrière dans la vallée vers la ferme *Mont St. Jean*. Le Général COLLAERT commandait la cavalerie *Belgique*. VAN MERLEN et GHIGNY étaient chacun à la tête d'une Brigade de cavalerie légère. Le Prince D'ORANGE n'avait non seulement le commandement en chef de l'aile gauche, mais il avait aussi l'inspection du centre, dont le Duc de WELLINGTON l'avait honoré. L'artillerie était placée le long de toute la ligne. La grande batterie était sur l'élévation de *Mont St. Jean* devant le centre, tandis que tout ce qui était en reserve, s'étendait sur le terrein élévé du hameau *Mont St. Jean* vers *Braine la Leud*.

Le Duc de WELLINGTON, accompagné par le Prince D'ORANGE, Mylord HILL et le Général UXBRIDGE, avait inspecté de grand matin toute l'armée, et observé tous les points et positions intéressans. Le chateau de *Hougemont* et ses environs avaient paru de la plus grande consequence, vu qu'il couvrît l'aile droite. Durant la nuit, on y avait préparé le tout à la défense. Le long de la haïe extérieure, qui entourait ce terrein-là, on avait fait un fossé, à cause qu'il y avait une forte muraille derrière cette haïe autour du jardin et du verger. On fi des trous dans cette muraille, et contre la quelle fut placée une élévation, d'où l'on pouvait tirer par dessus d'elle. La défense de cette position fut confiée à la Brigade du Colonel BYNG, à un bataillon *Bruns-viciens* et deux bataillons *Hanovriens*, assistées par un bataillon *Nassoviens*, qui y fut envoyé pour renforcement de la division de PERPONCHER.

Ce fut à dix heures et demi que NAPOLÉON était pres de *l'Observatoire*, d'où il donnait ses premières ordres à faire l'attaque, qui fut entreprise vers *Hougemont* par son aile gauche, commandée par JÉRÔME. On vint par arrière, en traversant la forêt près de la ferme, mais on trouva une si violente résistance à la muraille, qu'on la combattît durant deux heures sans effet. Enfin on se força au verger par une porte, mais on y trouva la mort détruisante, qui rageait principalement lors qu'on tâchait d'entourer le coin de la muraille, où l'on fut si terriblement reçu par l'artillerie et le cartâche des *Nassoviens*, qu'on trouva après, outre les corps brulés, environ 3000 morts près de cette muraille. La défense courageuse de cette station importante contribua beaucoup au maintien de la position de l'armée *Anglo-Belgique*. Au reste on combattît obstinément et avec succès variable à cet endroit, durant toute la journée. Les *Français*, qui gardaient leur station au derrière de la forêt et y dedans, jettèrent des houwitzers au chateau et aux bâtimens adjacens, ce qui y mit le feu, tandis que de ce côté-ci du chateau on jetta d'une batterie plusieurs houwitzers par dessus des bâtimens dans la forêt et au delà. C'est donc que cette position capitale a été observée avec la plus grande exactitude dans la représentation panoramique, où l'on l'a exposé très distinctement à la vue dans la partie méridionale.

C'était au même instant que l'attaque du

Général NEY se fit sur notre centre et vers *la Haïe Sainte*, laquelle fut repoussée très vaillamment par le Général ALTEN, à une grande perte de l'ennemi.

Vers les trois heures après midi, l'ennemi attaqua de nouveau *la Haïe Sainte*, sous les ordres du Comte D'ERLON, qui s'en rendit maître pour quelque tems, et se jêta ensuite sur les quarrés des *Hanovriens*. C'était là le moment, où BUONAPARTE dépêcha un courrier pour *Paris*, qui y rapporta la nouvelle de la victoire et de la prise de *Mont St. Jean*, dont pourtant il ne pouvait s'emparer nullement, malgré toutes ses attaques furieuses. Une charge heureuse de la cavalerie des gardes *Anglaises* et des *Grisons Ecossais* (c'est-à-dire, des *Ecossais* qui ont des chevaux gris), qui s'emparèrent de deux aigles *Français*, repara le tout. Le Général PICTON avait fait avancer ses braves *Ecossais* sur ce point, qui pourtant souffrirent extrêmement dans ce combat sanglant, où ce vaillant Général lui-même perdit la vie, comme aussi le Général WILLIAM PONSOMBY. — On voit cette action au delà et vers l'est de *la Haïe Sainte*, le champ de bataille sanglant est près de l'arbre, où le Général PICTON fut tué.

Maintenant la division *Prussienne*, commandée par le Général BULOW, sortit d'une forêt, que l'on voit vers l'est de la tour de *Planchinoit*. C'était cinq heures après midi. La reserve du Comte de LOBAU et d'autres reserves de l'ennemi s'avancèrent vers les *Prussiens*, et le combat continua, de part et d'autre, avec la plus grande obstination jusqu'à la soirée, sans être pourtant décisif.

Tel était la situation de cette bataille sanglante, vers les sept heures et demi soir. Le tout était dubieusement: mais alors s'approcha le terrible instant critique. Le renforcement de la division *Prussienne* du Général VON ZIETHEN, qu'on avait attendu longtems, vu qu'elle avait été assurément promise, arriva enfin à l'aile gauche, en s'y joignant avec un *hurrah!* qui tonnait le long de toute la ligne. Les Lanciers et l'Artillerie *Prussienne* descendèrent bientôt de l'élévation, et tirèrent leur premier feu à l'ennemi obstiné. Malheureusement celui de l'Infanterie *Prussienne* tomba sur les troupes *Nassoviennes*, leur uniforme, étant très semblable à celle des *Français*, les fit prendre pour des tels, quoiqu'on s'apperçût bientôt du mépris. Lorsque la preuve redoutable de ce renforcement de notre armée fut connue à BUONAPARTE, il se déconcerta par frayeur, mais il ordonna sur le champ la dernière attaque désespérée. Il se plaça lui-même dans la *Moyenne - garde*, et tâcha de percer notre centre, en ordonnant aux cuirassiers d'attaquer par assant la grande batterie sur l'élévation de *Mont St. Jean*. Croyant que l'unique moyen de se sauver était cette attaque, il plaça le Maréchal NEY et le Général FRIANT à la tête de la colonne, qui, en lignes serrées, par une marche forcée et avec une force terrible, en criant: *vive l'Empereur !* s'avança à travers de la vallée au centre des gardes *Anglaises*, commandées par le Général MAITLAND. Des foules entières de l'ennemi, il est vrai, furent mis bas par notre Artillerie, mais l'attaque continua également intrepide et furieusement. Nos vaillans héros se tinrent cependant comme une muraille. Le Duc de WELLINGTON avait prévu ce moment-ci: La reserve et la brigade du Général ADAMS avancèrent au plutôt, à ses ordres, de *Braine la Leud* et se jettèrent au flanc de la colonne *Française*. Cette résistance et ce feu les firent retirer. La division du Général CHASSÉ avance également ; la

brigade du Colonel DITMAR fit l'attaque à
la bajonette et avec le feu de peloton de
la Milice Nationale; l'Artillerie du Major
VAN DER SMISSEN est également avancée;
la cavalerie légère sous les ordres du Général VIVIAN a quitté, par ordre de WEL-
LINGTON, l'aile gauche, où l'arrivée des
Prussiens les avait rendu moins nécessaires, et
celle-ci attaque, le sabre à la main, l'aile
droite des *Français*, qui était déjà en désor-
dre. La force de la colonne ennemie est sur-
montée; NEY tombe de son cheval et le Général FRIAND est blessé mortellement. Ce
moment décisif n'échappe pas à WELLING-
TON. Il ordonne l'attaque de toute la cavalerie. Le Prince D'ORANGE est blessé, au
même instant qu'il encourage ses troupes trium-
phantes. Le tout avance maintenant. Les Hussars *Hollandais*, commandés par le Colonel
BOREEL, attaquent l'aile droite de l'ennemi,
et les Dragons légers se jettent aux *Gardes
Françaises*, tandis que Mylord UXBRIDGE
au centre fait avancer sa cavalerie contre les
cuirassiers *Français*; celles-ci sont chassées
de devant les batteries, et toute la hauteur
du *Mont St. Jean*, où les *Français* étaient
déjà montés par force, est clairée entière-

ment par les deux Gardes de Corps *Anglaises* et par les Gardes Royales bleues, avec les carabiniers et dragons *Belgiques* et les *Grisons Ecossais*.

BUONAPARTE, qui, avant cette attaque, était sur l'élévation proche le chemin de *Belle Alliance*, se tient maintenant plus à sa droite, et y voit retourner la *Moyenne Garde* étant défaite. Le cri: ,, la *Garde* est défai- ,, te!'' s'augmente et dérange tout à fait l'ancienne Garde, vu que celles qui ont été défaites se mettent à la fuite par devant d'elles, tandis que les fusées *Congreviennes* y font du dégât. La terreur générale change en confusion complette, et cause une fuite en- tièrement dérangée.

C'est ce moment de la victoire glorieuse, qui est représentée par le Panorama, exactement tel que le tout a pu être arrangé des infor- mations officielles et des rapports authenti- ques des autorités militaires, par une person- ne qui en a eu l'honneur de l'approbation suprême de S. A. R. Mgr. le Prince D'ORAN- GE. Le plan de ce Panorama, comparé à l'explication qui y est jointe, en donne une idée très-ample et très-reguliere. — Le but principal de toute cette composition n'étant que l'honneur de nos héros, l'hommage à notre Prince Royal, et en même tems la gloire des Beaux-Arts dans notre Patrie, qui exige l'admiration tant de nos compatriôtes que des étrangers, il sera la recompense la plus flattante du zèle du compositeur de ce Panorama, dont les idées ont été réalisées si heureusement par les Peintres les plus renommés d'*Amsterdam*, qu'ils ont érigé dans ce temple, consacré à l'héroïsme patriôtique, également un monument de la gloire des Arts de notre Patrie, quand la satisfaction de ses concitoyens et compatriôtes pourra être son appanage, uni à tant d'encouragement qu'il a déjà reçu de leur part.

Amsterdam, ce 15 Octobre 1817.

E. MAASKAMP.

TAT et REPARTITION de *l'Armée co-alliée*, commandée en chef par Mgr. le Duc de WELLINGTON; au 18 Juin 1815.

___

L'ARMÉE co-aillée fut divisée en deux Corps, dont le premier t commandé par S. A. R. Mgr. le Prince D'ORANGE; le se- nd par le Général Milord HILL.

Le premier Corps de S. A. R. Mgr. le Prince D'ORANGE consistait des divisions suivantes:

DIVISIONS.	BRIGADES.	REGIMENS.
emière Anglaise. en. Maj. G. *Cooke.*	Première Angl. Gén. *Maitland.* Seconde —— Gén. *Byng.*	1e, 2e Gardes 3 Bataillons 2e, 3e Gardes.
oisième Anglaise . eut. Gen. *C. van Allen*	Cinqu. Angl. Gén. C. *Halket.* Second Legion Royal Allemands Col. *Omteda.* . . .	30e, 33e, 69 et 73. 5e et 8me. 1e et 2e Infant. legion.
. .	Première Hanovrienne. Gen. Maj. *Kielmansegge* . .	1 Bataillon Duc de *York* et 4 autres.
euxième Belgique Lieut. Gen. *de Per- poncher*	Première. Général Major de *Bylandt* . . . . Seconde Colonel Prince de Saxe *Weimar.*	27 Chasseurs 7 de Lign. Mil. Nat. N°. 5, 7 en 8. 3e Bat. Nassoviens et un Reg. Orange Nassau.
nquième Anglaise. Lieut. Gen. *Thomas Picton.*	Huitième Anglaise. Général *J. Kempt.* . . . . Neuvième Anglaise. Général Major *D. Pack.* . . . . . . Cinquième Hanovrienne. Colonel *Vincke.*	28e, 32e, 79e et 95e. 1e, 42e, 44e et 92e. 4 Bataillons.

Le

Le second Corps, sous les Ordres du Général Milord HILL *consistait des Divisions suivantes:*

DIVISIONS.	BRIGADES.	REGIMENS.
Deuxième Anglaise Lieut. Général *H. Clinton.*	Troisième Anglaise. Gén. Major *F. Adams.* . . . . 52e, 71e et 95e.	
	Premier Legion Royal Allemand. Gen. Major *du Plat.* 1e, 2e, 3 et 4e.	
	Troisième Hanovrienne. Colonel *B. Halket.* . . . . 2e Bat. Duc de *York* 3 autres Bataillor	
Sixième Anglaise .	Dixième Anglaise. Général *J. Lambert.* . . . . 4e, 27e, 40e et 81	
	Quatrième Hanovrienne. Colonel *But.* . . . . Lunebourg.	

Corps de S. A. S. Mgr. le Duc DE BRUNSWICK, *8 Bataillons d'Infanterie.*

Brigade de Troupes Nassoviennes, Contingent de S. A. S le Duc DE NASSAU.

étant composée de trois Bataillons. Gén. Major *Kruse.*

Cavalerie, commandée par le Lieut. Général Milord UXBRIDGE *actuellement Marquis* D'ANGLESEA.

BRIGADES.	REGIMENS.
Première Anglaise. Général Major *E. Somerset*	1e et 2e Gardes de Corps Royales. 1 Gardes Dragonders.
Sceonde Anglaise. Général Maj. *W. Ponsomby*	1e, 2e et 6e Dragons Royaux.
Troisième Legion Royal All. Gén. Maj. *W. Dornberg* .	1e et 1e Dragons legers et 2e Hussars.
Quatrième Anglaise. Général Maj. *J. O. van de Leur* .	11e, 12e en 16e Dragons legers.
Cinquième Anglaise. Général Maj. *Colquhoun Grant* . .	2e, 7e et 15e Hussars.
Sixième Anglaise. Gén. Major *R. H. Vivian*	1e, 10e et 18e Hussars.
Septième Legion Allemand. Colonel *von Arentschilt* .	3e Hussars, 13e Dragons legers.
Huitième Hanovrienne. Colonel *Estorf*	Prince Regent, Bremen et Verden Cumberland Hussars.

Cavalerie Belgique, Lieut. Général COLLAERT.

BRIGADES.	REGIMENS.
Première Cavalerie, Général Major *Trip*	1e, 2e et 3e Carabiniers.
Première Cavalerie legère, Gén. Major *van Merle* . . .	5e Dragons legers.
et vers la fin du jour, sous le Colonel *W. Boreel* . . .	6e Hussars.
Seconde Cavalerie legère, Général Major *Ghiny*	3me Dragons legers et 8e Hussars.

Cavalerie Brunsvicienne.

Un Regiment Hussars et un Escadron Lanciers.

L'ARTILLERIE ANGLAISE consistait de dix-huit Batteries; la BELGIQUE de neuf et la BRUNSVI-CIENNE de deux Batteries.

En outre il y avait une Brigade de *Fusées Congreviennes* avec quelques pièces de canon sous le Major *Whinyates*.

L'Armée Prussienne consistait de quatre Corps d'Infanterie, sous les ordres du Maréchal Prince *Blucher de Wahlstædt*, dont le premier Corps était du Lieut. Général *Bulow de Dennewitz* et le second Corps du Gén. Major *de Pirch*, sous les ordres du Général *Bulow*, lesquels commencèrent à agir contre l'ennemi en flanc, environ 5 heures, par derrière, hors de la forêt, que l'on voit vers *Planchinoit*, contre la division du Comte *Lobau*.

Quatrième Corps Lieuten. Général *Bulow de Dennewitz.*

BRIGADES.	REGIMENS.
Treizième. Lieut. Gén. . . . von *Hauk*	1er de Silésie. 1e et 2e Milice du Neumark.
Quatrizième. Gén. Major von *Rijssel*	2e de Silésie. 1er et 2e Milice de Poméranie.
Quinzième. Gén. Major . von *Hiller*	1er de Westphalie. No. 18. 3e et 4e Milice de Silésie.
Seizième . . . . Chef	4e de Silésie Bulow No. 15. 1er et 2e Milice de Silésie.

Total 12 Regimens d'Infanterie.

Second Corps Gén. Major *de Pirch.* 1.

BRIGADES.	REGIMENS.
Cinquième. . . . . Chef	1er de Poméranie. 3e du Rhin No. 25. 5e Milice de Westphalie.
Sixième . . . . Gén. Major *von Kraft* . .	2e de Poméranie Colberg. Regiment No. 26. 1er Milice Regiment de l'Elbe.

BRIGADES.   REGIMENS.

Septième, Gén. Major . . .
von *Brause* . . . .

{ 3e de Poméranie No. 14.
1er du Rhin No. 29.
2e Milice Reg. de l'Elbe.

Huitième . . . .
Chef . . . .

{ 4e de Poméranie No. 21.
2e du Rhin No. 23.
3e Milice Reg. de l'Elbe.

Total 12 Regimens d'Infanterie.

Premier Corps.

Le Lieut. Gén. *von Ziethen* arriva à sept heures et demi, près du Village *Frichemont* et *Smuhen*, à l'aile droite de l'Armée, et attaqua alors l'ennemi de son feu.

BRIGADES.   REGIMENS.

Première. Gén. Major . .
von *Steinmetz* . . . .

{ 2e et 3e de Brandenbourg.
No. 12 et 24.
1e Milice de Westphalie.

Seconde. Gén. Major . .
von *Pirch* II. . . . .

{ 1e de la Prusse Occidentale.
3e de Westphalie.
2e Milice.

Troisième. Gén. Major . .
von *Jagow* . . . .

{ 2e de la Prusse Occidentale.
4e de Westphalie No. 29.
3e Milice.

Quatrième. Gén. Major . .
von *Henkel* . . . .

{ 3e de Silésie No. 13.
2e de Westphalie No. 19.
4e Milice.

Total 12 Regimens d'Infanterie.

B 3

Le Bataillon Tirailleurs de *Silésie* fut incorporé dans la première et dans la troisième Brigade : c'était alors que l'Armée Prussienne consistait de trois Corps, qui agissaient contre *Buonaparte* dans cette Bataille de *Waterloo.*

Le troisième Corps de l'Armée Prussienne, qui combattait à *Wavre*, sous les ordres du Général *Thieleman*, contre le Maréchal *Grouchy*, consistait des

BRIGADES.	REGIMENS.
Neuvième .... Gén. Major *von Bork* ...	1e Regt. du Corps de Brandenb 4e du Rhin No. 30. 1e Milice de la Marche Electo
Dixième .... Gén. Major *von Krauseneck*	3e de Brandenbourg No. 20. Regiment No. 27. 2e Milice de la Marche Elector.
Onzième .... Gén. Major *von Luck* ...	3e de la Prusse Occident. No. 1 3e et 6e Milice de la Mar. Elec
Douzième .... Chef	Commune No. 31. 5e et 6de Milice de la March Electorale.

Total 12 Regimens d'Infanterie.

Camp Prussien.

Cavallerie.

Il y avoit douze Batteries d'Artillerie à chacun des Corps, dont on n'a pourtant pas indiqué où elles ont agi ; au reste, l'Armée consistait de quatre Corps.

	REGIMENS.
Premier Corps .... Lieut. Gén. *von Röder* ...	Deux de Dragons. Un d'Hussars. Deux d'Ulans et trois de Milice.

Total 8 Regimens.

R E G I M E N S.

Second Corps . . . . {
Lieut. Gén. *von Jurgass* . . . {

- Dragons de la Reine, Hussar *de Blucher.*
- Un de Dragons.
- Deux de Hussars.
- Un d'Ulans, et
- Trois de Milice.

Total 9 Regimens.

Troisième Corps . . . . {
Gén. Major *de Hobe* . . . . . {

- Un de Dragons.
- Deux de Hussars.
- Trois d'Ulans, et
- Deux de Milice.

Total 8 Regimens.

Quatrième Corps. . . . . . . {
Lieut. Gén. S. A. R. . . . . . {
le Prince GUILLAUME *de Prusse.* {

- Un de Dragons.
- Trois de Hussars.
- Un d'Ulans, et
- Sept de Milice.

Total 12 Regimens.

Outre les Troupes en action il y avait encore un corps d'Observation sur la grande Chaussée de *Mons* en *Hainaut* à *Bruxelles*, près de *Halle*, sous les ordres de S. A. R. le Prince FREDERIC *des Pays-Bas.*

Troupes Coloniales Belgiques {
Division Lieut. Gén. *Anthing* {

- 5e Infanterie de Ligne.
- 1er Bataillon Flanqueurs.
- 10 et 11e Chasseurs.

Première Division, Lieut. Gén. *Stedman.*

Première Brigade . . . . . . { 16e Chass. N°. 4 et 6 de Ligne.
Gén. Major *d'Hauw* . . . . { Milice Nat. N°. 7, 14 et 15.
Seconde Brigade . . . . { 18e Chasseurs N°. 1 de Ligne.
Gén. Major *de Eerens* . . . { Milice Nat. N°. 1, 2 et 18.

Quatrième Division Anglaise, Luit. Général *C. Colville*, dont la quatrième Brigade a été detaché le 18e Juin, à la seconde Division Anglaise.

REGIMENS.

Quatrième Brigade Anglaise

Colonel *Mitchel* . . . . 14e, 23e et 51e.

Sixième Brigade Anglaise .

Géneral Major *Johnson* . . . 35e, 54e, 59e et 91e.

Sixième Brigade Hanovrienne.

Major Gén. de Brigade *Lijon*. 4 Bataillons.

Etat de la Perte des Armées des Puissances alliées.

Morts, Blessés et *Egarés.*

Anglais et Hanovriens . . . . 13833.
Prussiens . . . . 33120.
Belges . . . . 4136.

Total. . . . . 51089.

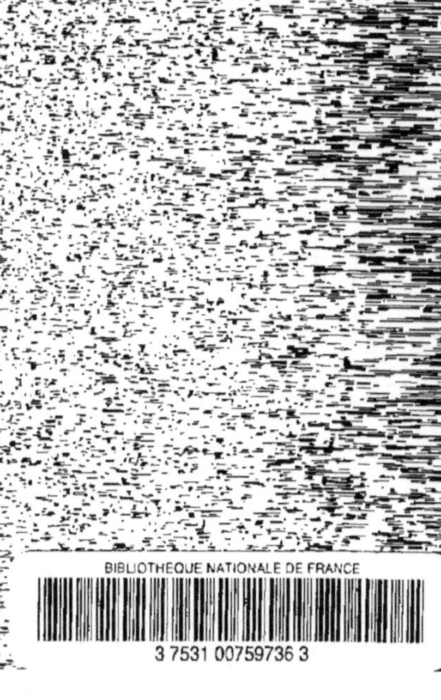